PRESCRIPTIONS

CONCERNANT

l'Élevage des Enfants

DU PREMIER AGE

BORDEAUX

IMPRIMERIE G. GOUNOUILHOU

Rue Guiraude, 9-11

—

1904

PRESCRIPTIONS
concernant l'élevage des enfants du premier âge

Les enfants de moins d'un an ne sont jamais *méchants*, ainsi qu'on le prétend parfois. Ils ne crient que pour trois causes : 1° ils ont faim ; 2° quelque chose les gêne ; 3° ils sont malades.

Donc, si un enfant crie, il faut voir si ce n'est pas l'heure de lui donner à boire. S'il a bu à son heure, il faut le démailloter pour s'assurer qu'il n'est pas piqué par une épingle, que ses linges ne sont ni mouillés ni souillés, et qu'il n'est pas « écuit », c'est-à-dire qu'il n'a pas la peau rouge, par places. Dans ces derniers cas, il faut enlever ce qui le gêne ; le changer de linge et le saupoudrer largement de poudre de talc avec un tampon de coton. Si, ces vérifications faites, l'enfant continue à crier, il est probable qu'il est malade, et il faut alors le surveiller, et, si des cris persistent, le faire examiner par le médecin.

Le meilleur berceau consiste en une corbeille que l'on garnit d'une grande serviette

dans laquelle on dépose une épaisse couche de son. On place le drap à même sur le son. Lorsque l'enfant urine au lit, il se forme dans le son des boulettes qu'il est facile d'enlever, et la couchette reste saine. Cela est préférable aux paillasses ou matelas, qui s'imprègnent d'urine et deviennent rapidement malsains.

Il ne faut pas coucher l'enfant sur le dos, mais sur le côté, et, chaque fois qu'on le couche, le placer alternativement sur le côté droit et le côté gauche. On ne doit pas entourer le lit de rideaux: il faut laisser le plus d'air possible à l'enfant. On peut, pendant l'été, le garantir des mouches en plaçant sur sa tête un morceau de tarlatane apprêtée, à large tissu.

Lorsque l'on porte un enfant âgé de moins de quatre mois, on ne doit jamais le tenir debout, mais étendu sur le bras, et en lui soutenant la tête.

Les selles d'un enfant en bonne santé sont jaunes et ressemblent à des œufs brouillés. Si elles devenaient liquides ou vertes, il faudrait faire examiner l'enfant.

Il faut laver chaque jour l'enfant avec une éponge douce, imbibée d'eau tiède, ou mieux encore le baigner. Après l'avoir essuyé, il faut le saupoudrer largement sur le dos, les fesses, les cuisses et dans tous les plis de la peau (cou, aisselles, pli du coude, aine ou croissant, etc.), avec de la poudre de talc, qui est préférable à la poudre d'amidon, parce qu'elle ne fermente pas. On peut s'en procurer gratuitement au poste de secours.

Il faut nettoyer la tête de l'enfant et ne pas laisser se former les croûtes que certaines personnes croient utiles. Les croûtes de la tête s'enlèvent facilement en les frottant avec un peu d'huile.

Alimentation

L'alimentation au sein, surtout si elle est faite par la mère, doit toujours être préférée : c'est ce que l'on appelle *l'alimentation naturelle*. Si la nourrice n'a pas assez de lait, elle nourrit partie au sein, partie au biberon : c'est ce que l'on appelle *l'alimentation mixte*. Si la nourrice ne peut donner le sein, l'enfant est nourri au biberon : c'est ce que l'on appelle *l'alimentation artificielle*. Dans les trois cas, il faut peser l'enfant chaque semaine, ou *au moins tous les quinze jours*, pour s'assurer que la croissance est normale.

L'alimentation de l'enfant doit être régulière, c'est-à-dire faite à heure fixe, toutes les deux ou trois heures pendant les premiers mois, toutes les trois heures ensuite. Il faut habituer l'enfant à ne pas boire pendant la nuit, en lui donnant la première tétée tôt le matin, et la dernière tard le soir. De cette façon, tout le monde se repose.

La nourrice ne doit pas prendre l'enfant dans son lit, car elle peut s'endormir et l'étouffer en se retournant sur lui, dans son sommeil, ou le laisser tomber du lit.

L'atrepsie est la maladie qui tue le plus d'enfants dans la première année. Elle est toujours causée par une alimentation défectueuse, parce que l'on donne à l'enfant de la soupe, du pain, des biscuits, dans la pensée que cela lui aide à *faire ses dents,* ou parce que le lait qu'on lui fait boire n'a pas été stérilisé ou a été donné dans des biberons mal propres. Le lait, surtout en été, se décompose rapidement. Quelques gouttes de lait laissées dans le fond d'un biberon ou dans une tétine suffisent pour produire, au bout de très peu de temps, des champignons microscopiques, qui sont un poison dangereux.

Les nourrices qui allaitent au biberon ont une tendance à augmenter la quantité de lait nécessaire, sous prétexte que l'enfant a un gros appétit. *Elles ont tort.* L'enfant grossit, il est vrai, mais il devient bouffi, et la suralimentation qu'on lui donne, loin de lui profiter, l'expose à tous les dangers du rachitisme : c'est là le gros écueil de l'alimentation artificielle, même lorsque le lait est bon et les biberons bien entretenus. Il ne faut donc pas s'écarter des doses indiquées dans le tableau ci-joint, et il faut peser l'enfant chaque semaine, ou au moins tous les quinze jours, pour vérifier si sa croissance est normale. Si cette croissance n'était pas régulière, il faudrait consulter le médecin.

Pendant la première année, l'enfant ne doit prendre que du lait; on peut, cependant, à partir du dixième mois, lui donner chaque jour un *jaune* d'œuf cuit à la coque, mais pas de soupe ni de pain.

Procédés d'alimentation.

Lorsque la nourrice n'a pas assez de lait pour nourrir l'enfant exclusivement au sein, il faut qu'elle fasse de *l'alimentation mixte,* en donnant plusieurs biberons. Il n'est pas possible d'indiquer ici le nombre de biberons à donner, car cela dépend de la qualité du lait de la nourrice et de la quantité qu'elle peut fournir. Ce n'est que d'après les pesées de l'enfant que le médecin peut établir une règle à ce sujet.

Lorsque *l'alimentation artificielle* doit être employée, elle doit se faire pendant les *quatre premiers mois* au moyen de lait *coupé,* c'est-à-dire mélangé avec de l'eau *bouillie* dans les proportions suivantes :

1er jour : ne rien donner. L'enfant n'a besoin de rien ; le laisser dormir.

2e jour : 60 grammes de lait mélangé à 60 grammes d'eau *bouillie,* en 6 tétées.

3e jour : 175 grammes de lait mélangé à 175 grammes d'eau bouillie, en 6 tétées.

4e jour : 200 grammes de lait mélangé à 200 grammes d'eau bouillie, en 7 tétées.

A partir du cinquième jour, donner le lait stérilisé coupé au tiers, c'est-à-dire composé de *deux* parties de lait et d'*une* partie d'eau bouillie.

On mesure les quantités de lait et d'eau bouillie avec l'un des flacons gradués de l'appareil stérilisateur, et cela dans les proportions suivantes (pour vingt-quatre heures) :

	Lait	Eau bouillie	Nombre de tétées
Du 5ᵉ au 30ᵉ jour en augmentant progressivement les quantités.	de 300 grammes à 360 —	+ 150 grammes + 180 —	8
2ᵉ mois.	de 360 — à 500 —	+ 180 — + 250 —	7
3ᵉ mois.	de 500 — à 570 —	+ 250 — + 280 —	7
4ᵉ mois.	de 570 — à 620 —	+ 280 — + 300 —	7

Au cinquième mois, il faut donner le lait *pur* en 6 tétées et en augmentant progressivement la quantité de lait de 950 grammes à 1,200 grammes jusqu'à l'âge d'un an. On peut commencer, à partir du dixième mois, à donner à l'enfant, chaque jour, un jaune d'œuf cuit à la coque, mais il ne faut lui donner ni soupe ni bouillie avant l'âge d'un an.

L'eau bouillie de coupage peut être employée pure, ou mieux sucrée soit avec du sucre ordinaire, soit mieux encore avec de la *lactose* ou sucre de lait (qui coûte environ 4 à 5 francs le kilogramme). La quantité de sucre ou de lactose à employer doit être de 10 grammes pour 100 grammes d'eau bouillie.

Lorsque l'on donne le lait *pur* à partir du cinquième mois, il suffit d'ajouter au lait *deux* grammes de sucre ou lactose pour 100 grammes de lait.

Stérilisation du lait.

Il existe un grand nombre d'appareils pour stériliser le lait, mais ils diffèrent peu entre eux, le principe étant toujours le même. Voici comment, quel que soit le modèle choisi, il faut procéder pour la stérilisation.

1° Verser dans un récipient propre, c'est-à-dire passé à l'eau bouillante, la quantité de lait frais tiré, nécessaire pour vingt-quatre heures. On mesure cette quantité, indiquée plus haut, au moyen d'un des flacons gradués de l'appareil.

2° Ajouter au lait la quantité d'eau bouillie (simple, ou mieux sucrée) indiquée pour le coupage pendant les quatre premiers mois (avoir toujours en réserve de l'eau bouillie récemment, en *bouteille fermée*).

3° Répartir également dans les huit, sept ou

six flacons, selon l'âge de l'enfant, la boisson des vingt-quatre heures.

4° Placer les flacons dans la marmite en posant simplement sur le goulot de chaque flacon l'obturateur en caoutchouc, mais sans mettre la griffe métallique qui existe dans certains appareils.

5° Verser de l'eau *froide* dans la marmite jusqu'au niveau du lait des flacons.

6° Mettre la marmite sur le feu et faire bouillir l'eau pendant trois quarts d'heure *au moins*.

7° Retirer les flacons, mettre les griffes métalliques si l'appareil en comporte, et laisser refroidir.

Le lait est ainsi préparé pour vingt-quatre heures. Lorsque l'on donne à boire à l'enfant, il suffit de faire tiédir le flacon au bain-marie suffisamment pour que, si l'on verse quelques gouttes de lait sur le *dos* de la main, on n'éprouve aucune sensation de chaleur ou de froid.

Faire boire l'enfant *lentement*. Le lait qui peut rester dans un biberon ne doit jamais reservir; dès que l'enfant a bu, il faut vider le biberon, le laver et le faire égoutter. La tétine doit être lavée et mise dans un flacon *bouché* contenant de l'eau bouillie boriquée, renouvelée chaque jour.

Pesées de l'enfant.

L'enfant doit être pesé chaque semaine ou au moins tous les quinze jours, quel que soit son mode d'alimentation. La pesée est le seul moyen exact de vérifier si la croissance de l'enfant est normale. Le poids d'un enfant qui se porte bien, boit du bon lait en quantité suffisante et le digère bien, ne doit pas sensiblement s'écarter des moyennes mentionnées ci dessous.

En indiquant par la lettre P le poids de l'enfant quatre jours après sa naissance (l'enfant perd de son poids pendant les trois premiers jours), et par la lettre A les augmentations de poids acquis pendant les mois précédents, on peut établir les moyennes suivantes :

L'augmentation de poids est par jour de :	L'augmentation doit être à la fin du mois :	TOTAUX
1er mois = 25 gr.	P + 750 gr.	P + 0^{k}750 gr.
2e mois = 23 —	P + A + 700 gr.	P + 1^{k}450 —
3e mois = 22 —	P + A + 650 —	P + 2^{k}100 —
4e mois = 20 —	P + A + 600 —	P + 2^{k}700 —
5e mois = 18 —	P + A + 550 —	P + 3^{k}250 —

6ᵉ mois = 17 —	P + A + 500 —	P + 3ᵏ750 —
7ᵉ mois = 15 —	P + A + 450 —	P + 4ᵏ200 —
8ᵉ mois = 13 —	P + A + 400 —	P + 4ᵏ600 —
9ᵉ mois = 12 —	P + A + 350 —	P + 4ᵏ950 —
10ᵉ mois = 10 —	P + A + 300 —	P + 5ᵏ250 —
11ᵉ mois = 8 —	P + A + 250 —	P + 5ᵏ500 —
12ᵉ mois = 7 —	P + A + 200 —	P + 5ᵏ700 —

Donc, si un enfant pèse 3 kil. 300 quatre jours après sa naissance, il doit peser environ 9 kilogrammes à l'âge d'un an. Ces chiffres n'ont évidemment rien d'absolu, mais si l'enfant croît normalement, son poids ne doit pas s'écarter sensiblement des indications ci-dessus.

Bordeaux. — Impr. G. Gounouilhou, 9-11, rue Guiraude.

www.ingramcontent.com/pod-product-compliance
Lightning Source LLC
Chambersburg PA
CBHW061614040426
42450CB00010B/2477